AF205542

Impressum
Verlag: BABADADA GmbH, Nedderfeld 112 , 22529 Hamburg
Geschäftsführer / Verlagsleitung: Harald Hof
Druck: Books on Demand GmbH, In de Tarpen 42, 22848 Norderstedt

Imprint
Publisher: BABADADA GmbH, Nedderfeld 112 , 22529 Hamburg, Germany
Managing Director / Publishing direction: Harald Hof
Print: Books on Demand GmbH, In de Tarpen 42, 22848 Norderstedt

école

sekolah

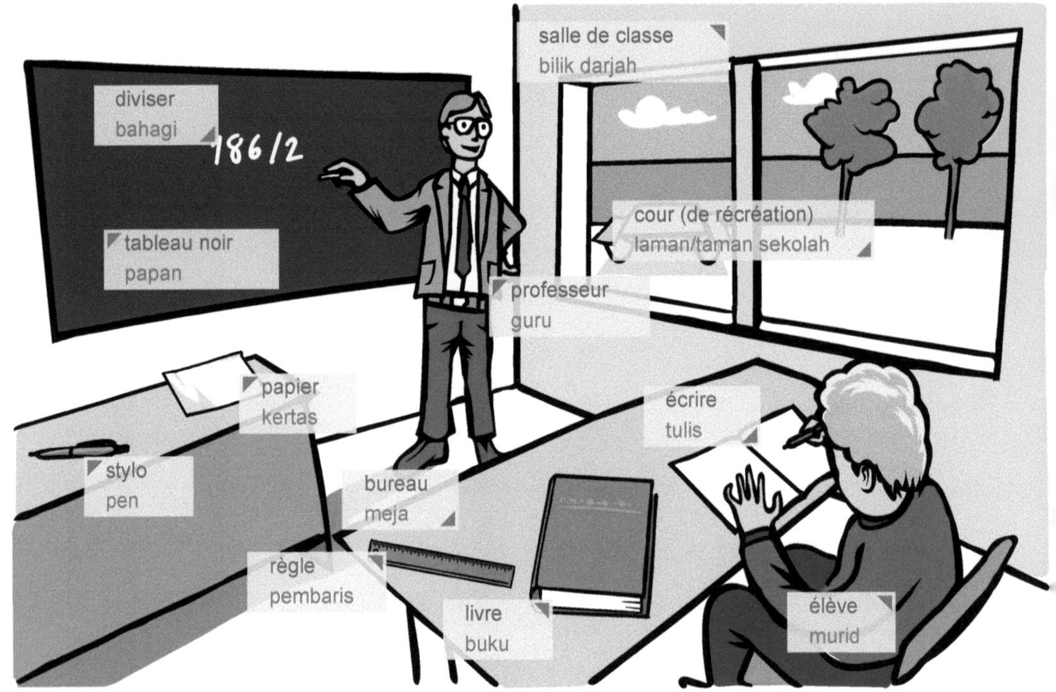

salle de classe
bilik darjah
diviser
bahagi
186/2
tableau noir
papan
cour (de récréation)
laman/taman sekolah
professeur
guru
papier
kertas
écrire
tulis
stylo
pen
bureau
meja
règle
pembaris
livre
buku
élève
murid

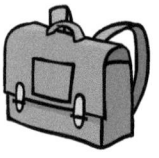

cartable
beg galas

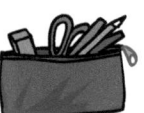

trousse
kotak pensel

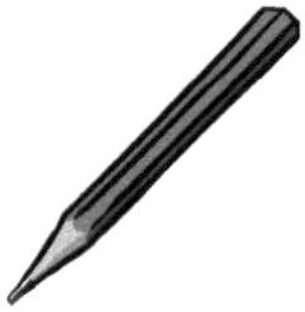

crayon
pensel

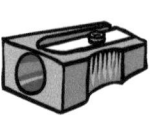

taille-crayon
pengasah pensel

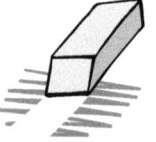

gomme
pemadam

carnet à dessin
kertas lukisan

dessin

melukis

pinceau

berus lukis

boîte de peinture

kotak warna

ciseaux

gunting

colle

gam

cahier d'exercices

buku latihan

devoirs

kerja rumah

12

chiffre

nombor

2+2

additionner

tambah

5-2

soustraire

tolak

2×2

multiplier

darab

calculer

kira

A

lettre

huruf

ABCDEFG
HIJKLMN
OPQRSTU
VWXYZ

alphabet

abjad

mot

kata

texte

teks

lire

baca

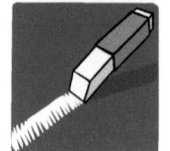

craie

kapur

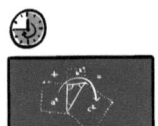

leçon

pelajaran

livre de classe

daftar

examen

peperiksaan

certificat

sijil

uniforme scolaire

uniform sekolah

formation

pendidikan

lexique

ensiklopedia

université

universiti

microscope

mikroskop

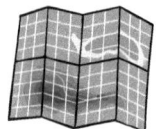

carte

peta

corbeille à papier

bakul sampah

voyage
berjalan

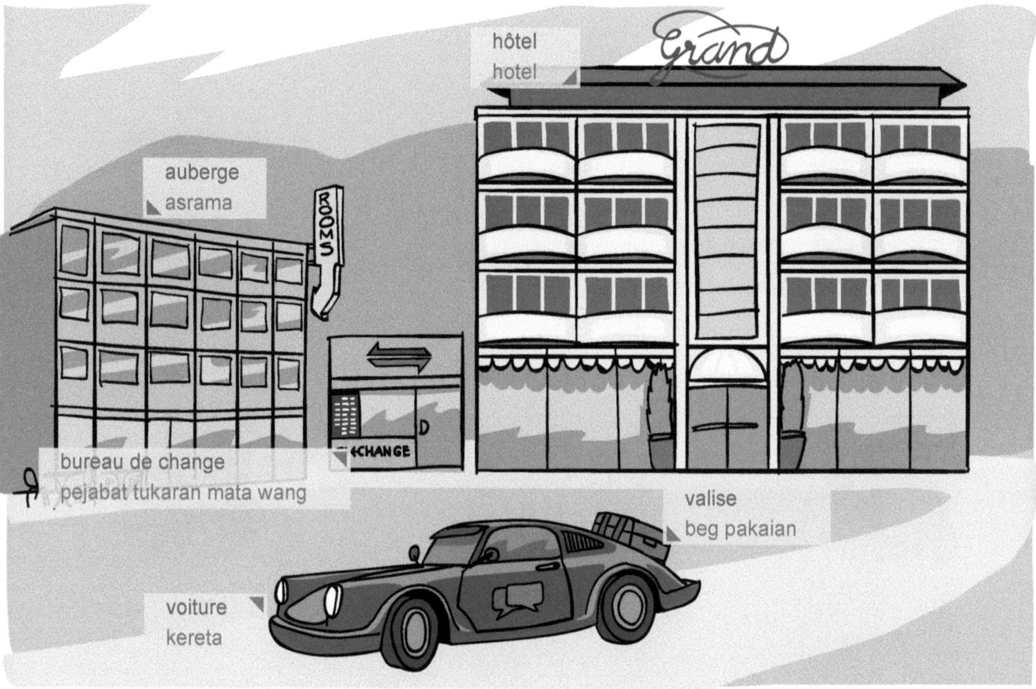

hôtel
hotel
Grand
auberge
asrama
ROOMS
bureau de change
pejabat tukaran mata wang
valise
beg pakaian
voiture
kereta

langue

bahasa

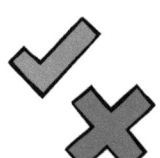

oui / non

ya / tidak

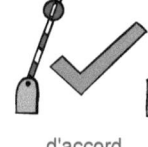

d'accord

okey

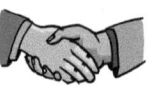

Salut

helo

interprète

penterjemah

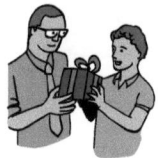

merci

Terima kasih

Combien coûte...?

berapa banyak...?

Je ne comprends pas

saya tidak faham

problème

masalah

Bonsoir !

Selamat petang!

Bonjour !

Selamat Pagi!

Bonne nuit !

Selamat Malam!

Au revoir

selamat tinggal

direction

arah

bagages

bagasi

sac

beg

sac-à-dos

beg galas

hôte

tetamu

pièce

bilik tidur

sac de couchage

beg tidur

tente

khemah

voyage - berjalan

office de tourisme
....
maklumat pelancong

plage
....
pantai

carte de crédit
....
kad kredit

petit-déjeuner
....
sarapan

déjeuner
....
makan tengah hari

dîner
....
makan malam

billet
....
tiket

ascenseur
....
lif

timbre
....
setem

frontière
....
sempadan

douane
....
kastam

ambassade
....
kedutaan

visa
....
visa

passeport
....
pasport

transport
pengangkutan

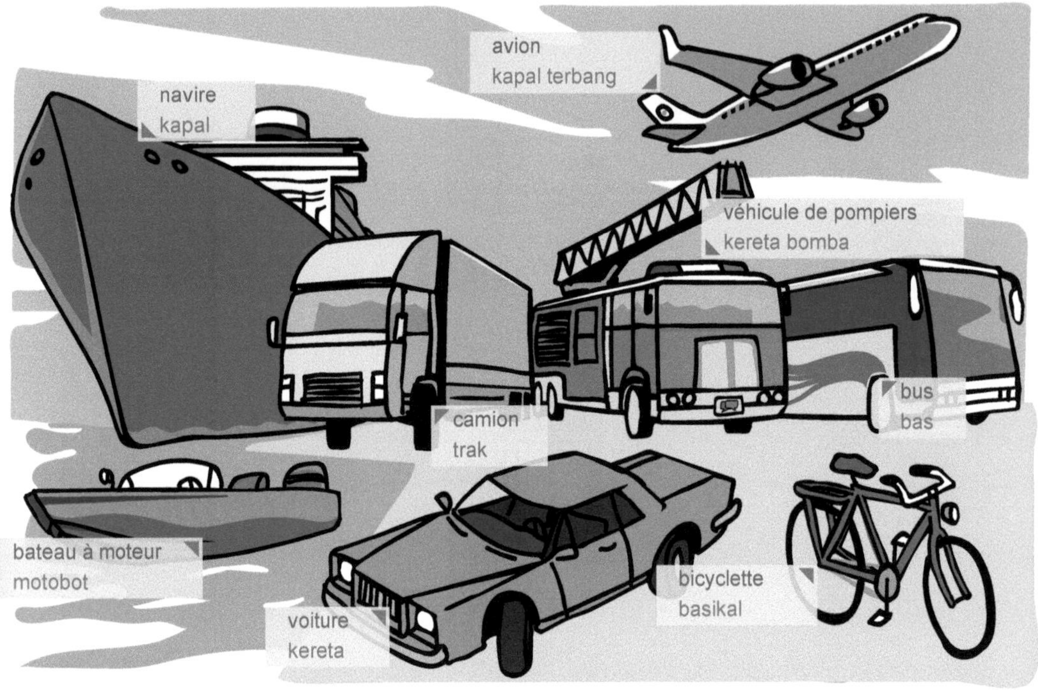
avion
kapal terbang
navire
kapal
véhicule de pompiers
kereta bomba
bus
bas
camion
trak
bateau à moteur
motobot
bicyclette
basikal
voiture
kereta

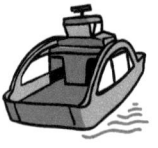

ferry
feri

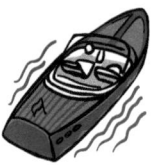

barque
bot

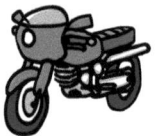

moto
motosikal

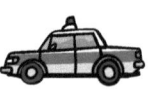

voiture de police
kereta polis

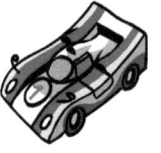

voiture de course
kereta lumba

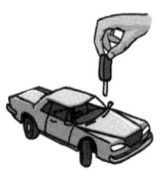

voiture de location
kereta sewa

auto-partage

berkongsi kereta

voiture de remorquage

trak tunda

benne à ordures

trak menolak

moteur

motor

essence

bahan api

station d'essence

stesen minyak

panneau indicateur

tanda trafik

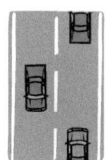

trafic

trafik

embouteillage

kesesakan lalu lintas

parking

tempat parkir

gare

stesen kereta api

rails

trek

train

kereta api

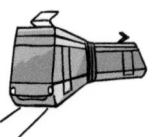

tramway

trem

wagon

gerabak

hélicoptère

helikopter

aéroport

lapangan terbang

tour

Menara

passager

penumpang

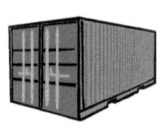

conteneur

bekas

carton

kadbod

chariot

kart

corbeille

bakul

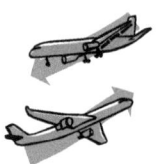

décoller / atterrir

berlepas / mendarat

ville

bandar

village

kampung

centre-ville

pusat bandar

maison

rumah

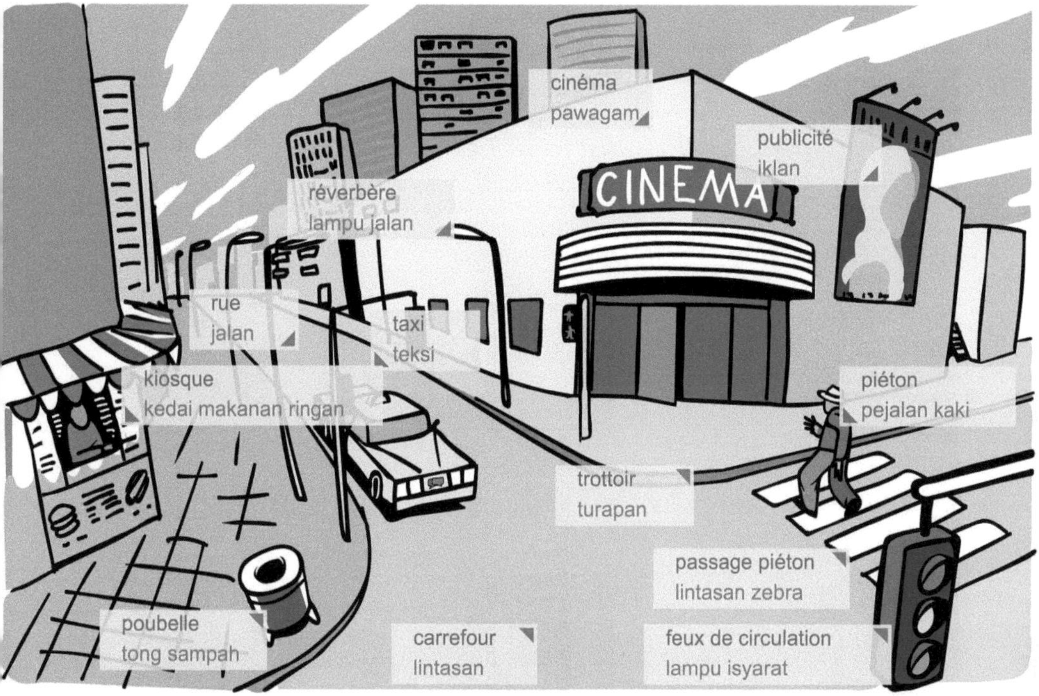

cinéma
pawagam

publicité
iklan

réverbère
lampu jalan

CINEMA

rue
jalan

taxi
teksi

kiosque
kedai makanan ringan

piéton
pejalan kaki

trottoir
turapan

passage piéton
lintasan zebra

poubelle
tong sampah

carrefour
lintasan

feux de circulation
lampu isyarat

cabane
pondok

appartement
flat

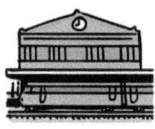

gare
stesen kereta api

mairie
dewan bandar

musée
muzium

école
sekolah

ville - bandar

université

universiti

banque

bank

hôpital

hospital

hôtel

hotel

pharmacie

farmasi

bureau

pejabat

librairie

kedai buku

magasin

kedai

fleuriste

kedai bunga

supermarché

pasar raya

marché

pasaran

grand magasin

gedung

poissonnerie

penjual ikan

centre commercial

pusat membeli-belah

port

pelabuhan

parc

taman

banque

bangku

pont

jambatan

escaliers

tangga

métro

bawah tanah

tunnel

terowong

arrêt de bus

hentian bas

bar

bar

restaurant

restoran

boîte à lettres

peti surat

panneau indicateur

papan tanda jalan

parcmètre

meter parkir

zoo

zoo

piscine

kolam renang

mosquée

masjid

ferme

ladang

pollution

pencemaran

cimetière

tanah perkuburan

église

gereja

aire de jeux

taman permainan

temple

kuil

paysage

landskap

feuille
daun

panneau indicateur
tiang tanda

chemin
jalan

pré
padang rumput

pierre
batu

randonneur
pejalan kaki

arbre
pokok

rivière
sungai

herbe
rumput

fleur
bunga

vallée

lembah

montagne

bukit

lac

tasik

forêt

hutan

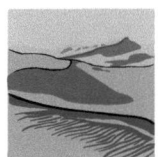

désert

padang pasir

volcan

gunung berapi

château

istana

arc-en-ciel

pelangi

champignon

cendawan

palmier

pokok kelapa sawit

moustique

nyamuk

mouche

terbang

fourmis

semut

abeille

lebah

araignée

labah-labah

coléoptère
kumbang

grenouille
katak

écureuil
tupai

hérisson
landak

lièvre
arnab

chouette
burung hantu

oiseau
burung

cygne
angsa

sanglier
babi jantan

cerf
rusa

élan
moose

barrage
empangan

éolienne
turbin angin

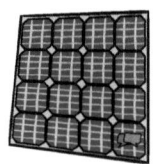

panneau solaire
panel solar

climat
iklim

restaurant
restoran

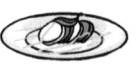

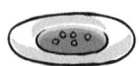

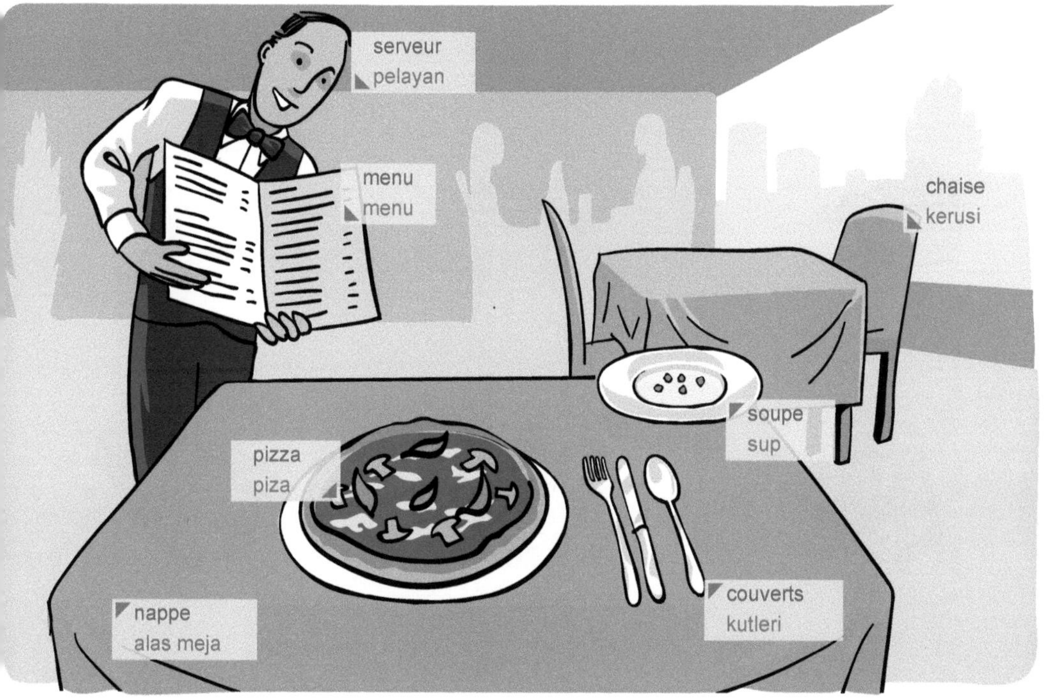
serveur
pelayan
menu
menu
chaise
kerusi
soupe
sup
pizza
piza
couverts
kutleri
nappe
alas meja

hors d'œuvre

pemula

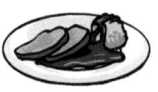

plat principal

hidangan utama

dessert

pencuci mulut

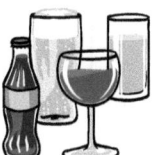

boissons

minuman

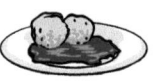

alimentation

makanan

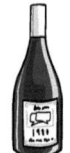

bouteille

botol

fast-food

makanan segera

plats à emporter

makanan jalanan

théière

teko

sucrier

mangkuk gula

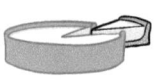

portion

bahagian

machine à expresso

mesin espreso

chaise haute

kerusi tinggi

facture

bil

plateau

dulang

couteau

pisau

fourchette

garfu

cuillère

sudu

cuillère à thé

sudu teh

serviette

serviette

verre

gelas

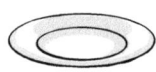

assiette

pinggan

assiette à soupe

mangkuk sup

soucoupe

piring

sauce

sos

salière

tempat garam

moulin à poivre

pengisar lada

vinaigre

cuka

huile

minyak

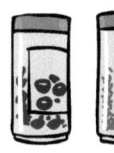

épices

rempah

ketchup

sos

moutarde

mustard

mayonnaise

mayones

supermarché

pasar raya

offre promotionnelle
tawaran istimewa
FOR
client
pelanggan
produits laitiers
tenusu
fruits
buah-buahan
chariot
troli

BUTCHERS

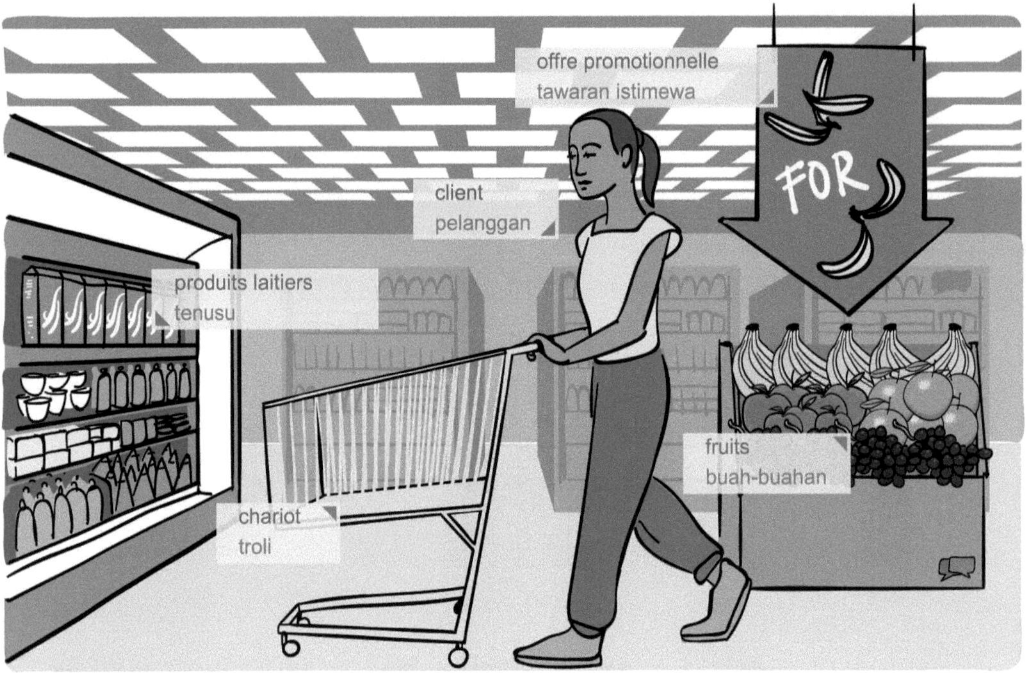

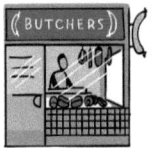

boucherie

tukang daging

BAKERY

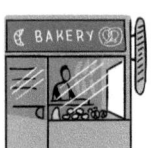

boulangerie

kedai roti

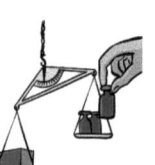

peser

berat

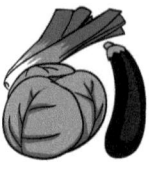

légumes

sayur-sayuran

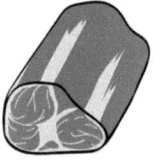

viande

daging

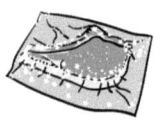

aliments surgelés

makanan sejuk beku

charcuterie

daging sejuk

conserves

makanan dalam tin

poudre à lessive

serbuk pencuci

bonbons

gula-gula

articles ménagers

produk isi rumah

détergents

produk pembersihan

vendeuse

orang jualan

caisse

daftar tunai

caissier

juruwang

liste d'achats

senarai membeli-belah

heures d'ouverture

waktu pembukaan

portefeuille

beg duit

carte de crédit

kad kredit

sac

beg

sac en plastique

beg plastik

eau

air

jus de fruit

jus

lait

susu

coca

kola

vin

wain

bière

bir

alcool

alkohol

chocolat chaud

koko

thé

the

café

kopi

expresso

espreso

cappuccino

kapucino

banane

pisang

pomme

epal

orange

oren

melon

tembikai

citron

lemon

carotte

lobak merah

ail

bawang putih

bambou

buluh

oignon

bawang

champignon

cendawan

noisettes

kacang

pâtes

mi

spaghetti

spageti

riz

nasi

salade

salad

pommes frites

kerepek

pommes de terre rôties

kentang goreng

pizza

piza

hamburger

hamburger

sandwich

sandwic

escalope

kutlet

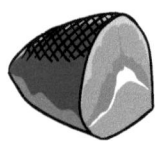

jambon

ham

salami

salami

saucisse

sosej

poulet

ayam

rôti

panggang

poisson

ikan

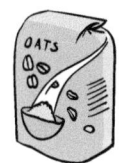

flocons d'avoine

bubur oat

muesli

muesli

cornflakes

emping jagung

farine

tepung

croissant

kroisan

petits-pains

roti roll

pain

roti

pain grillé

roti bakar

biscuits

biskut

beurre

mentega

le fromage blanc

dadih

gâteau

kek

œuf

telur

œuf au plat

telur goreng

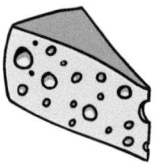

fromage

keju

glace

ais krim

sucre

gula

miel

madu

confiture

jem

crème nougat

krim nougat

curry

kari

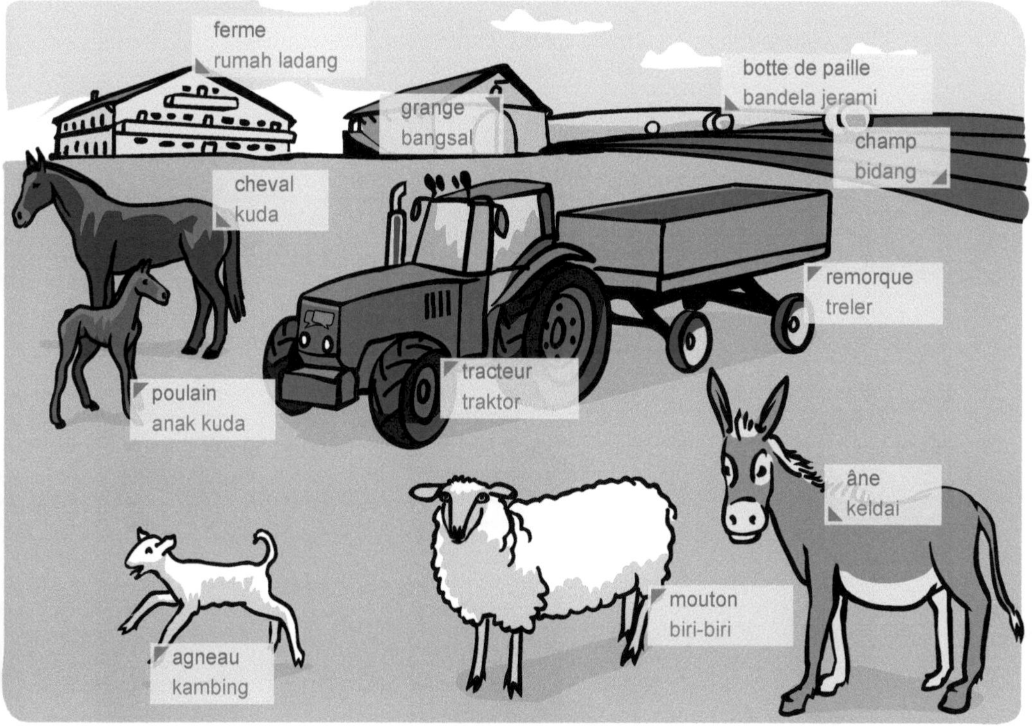

ferme
rumah ladang

grange
bangsal

botte de paille
bandela jerami

champ
bidang

cheval
kuda

remorque
treler

tracteur
traktor

poulain
anak kuda

âne
keldai

agneau
kambing

mouton
biri-biri

chèvre

kambing

vache

lembu

veau

anak lembu

porc

babi

porcelet

anak babi

taureau

lembu

oie

angsa

canard

itik

poussin

anak ayam

poule

ayam betina

coq

ayam jantan muda

rat

tikus

chat

kucing

souris

tikus

bœuf

lembu jantan

chien

anjing

chenil

rumah anjing

tuyau de jardin

hos taman

arrosoir

bekas siraman

faucheuse

sabit

charrue

bajak

faucille
sabit

pioche
cangkul

fourche
serampang peladang

hache
kapak

brouette
kereta sorong

cuve
palung

pot à lait
tin susu

sac
karung

clôture
pagar

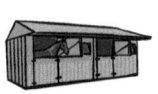

étable
stabil

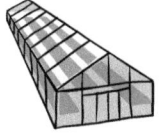

serre
rumah hijau

sol
tanah

semences
benih

engrais
baja

moissonneuse-batteuse
jentuai

récolter

tuai

récolte

menuai

igname

keladi

blé

gandum

soja

soya

pomme de terre

kentang

maïs

jagung

colza

biji sawi

arbre fruitier

pokok buah-buahan

manioc

ubi kayu

céréales

bijirin

maison
rumah

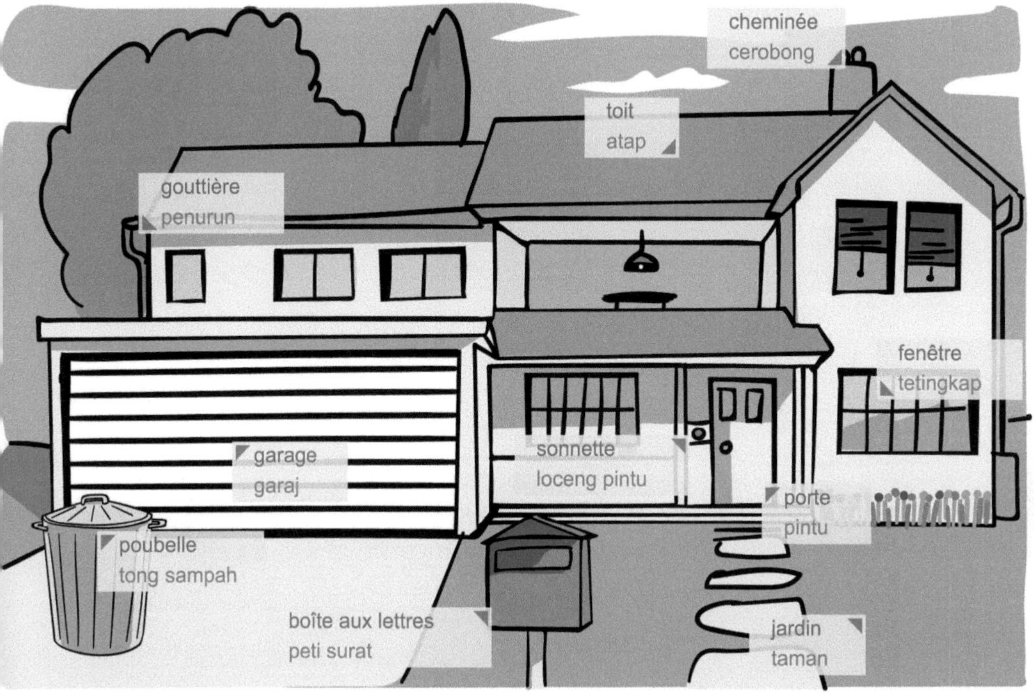
cheminée
cerobong
toit
atap
gouttière
penurun
fenêtre
tetingkap
garage
garaj
sonnette
loceng pintu
porte
pintu
poubelle
tong sampah
boîte aux lettres
peti surat
jardin
taman

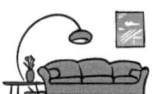

salon

ruang tamu

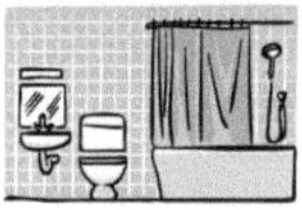

salle de bain

bilik air

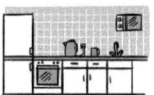

cuisine

dapur

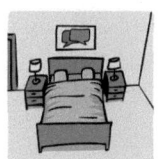

chambre à coucher

bilik tidur

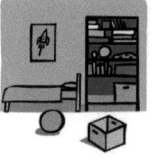

chambre d'enfant

bilik kanak-kanak

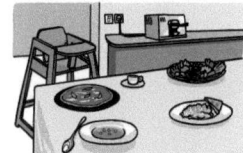

salle à manger

ruang makan

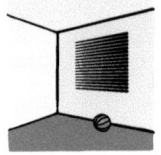

sol

lantai

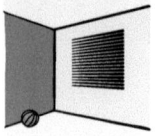

mur

dinding

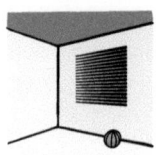

plafond

siling

cave

bilik bawah tanah

sauna

sauna

balcon

balkoni

terrasse

teres

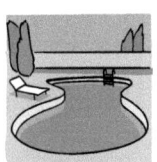

piscine

kolam renang

tondeuse à gazon

pemotong rumput

housse

lembaran

couette

penutup tilam

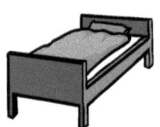

lit

katil

balai

penyapu

sceau

timba

interrupteur

suis

salon
ruang tamu

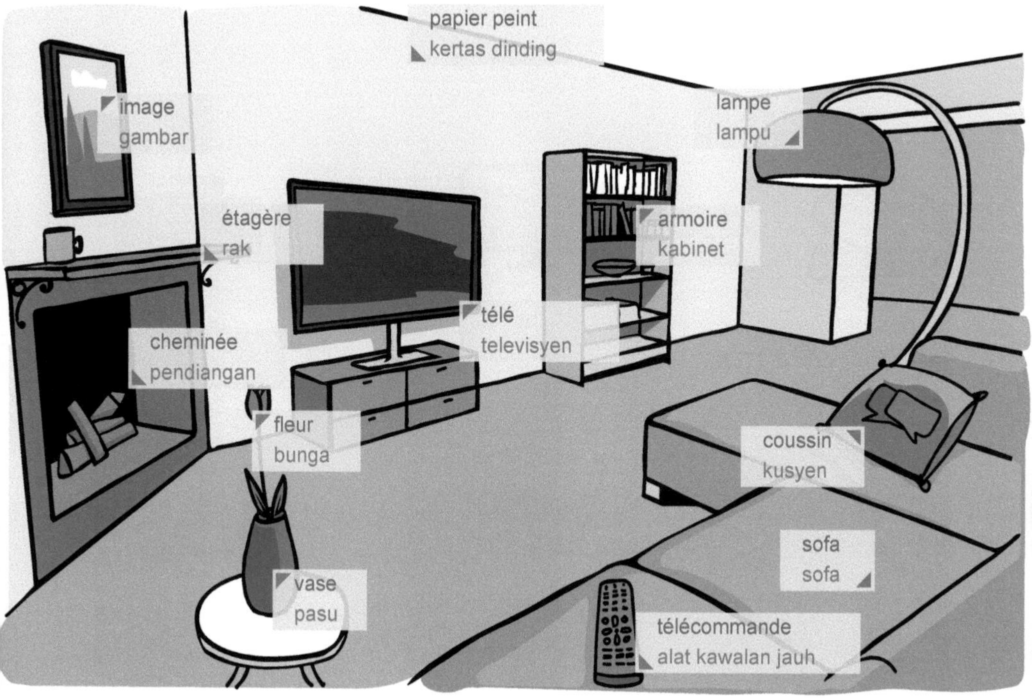
papier peint
kertas dinding
image
gambar
lampe
lampu
étagère
rak
armoire
kabinet
télé
televisyen
cheminée
pendiangan
fleur
bunga
coussin
kusyen
sofa
sofa
vase
pasu
télécommande
alat kawalan jauh

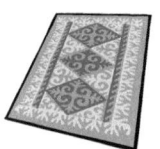

tapis

permaidani

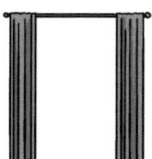

rideau

tirai

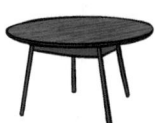

table

meja

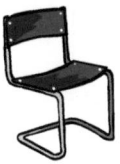

chaise

kerusi

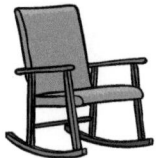

chaise à bascule

kerusi malas

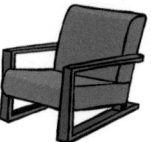

fauteuil

kerusi

livre

buku

couverture

selimut

décoration

hiasan

bois de chauffage

kayu api

film

filem

chaîne hi-fi

hi-fi

clé

kunci

journal

akhbar

peinture

lukisan

poster

poster

radio

radio

bloc-notes

buku catatan

aspirateur

penyedut habuk

cactus

kaktus

bougie

lilin

cuisine
dapur

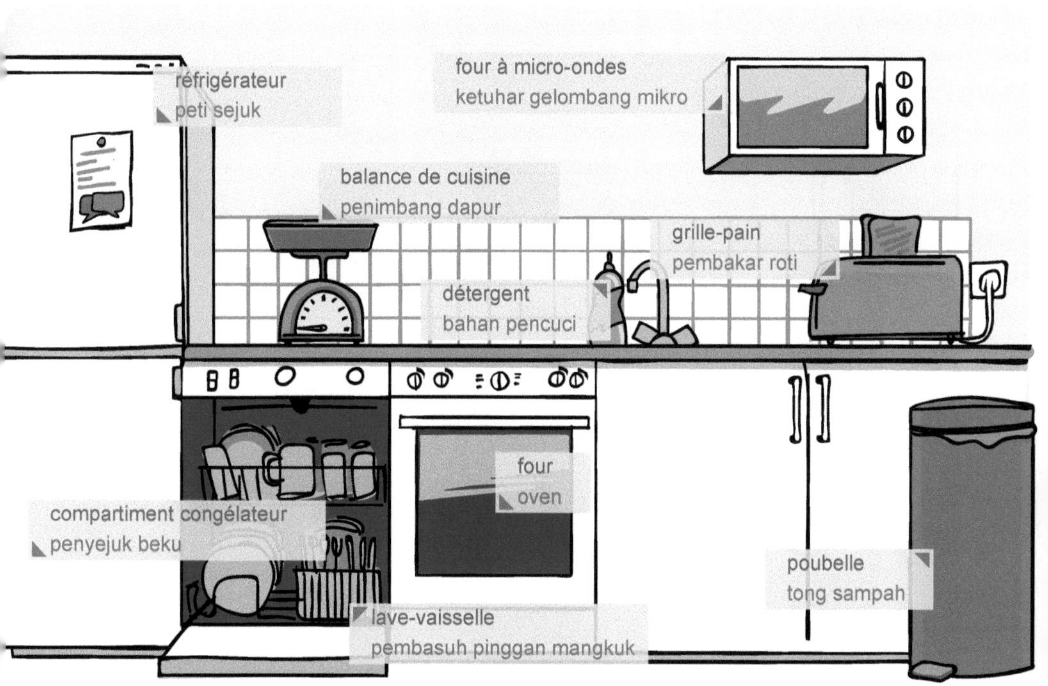
réfrigérateur
peti sejuk
four à micro-ondes
ketuhar gelombang mikro
balance de cuisine
penimbang dapur
grille-pain
pembakar roti
détergent
bahan pencuci
four
oven
compartiment congélateur
penyejuk beku
poubelle
tong sampah
lave-vaisselle
pembasuh pinggan mangkuk

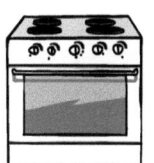

four
periuk dapur

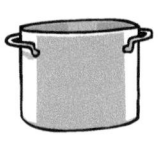

casserole
periuk

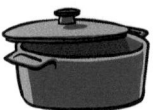

marmite
periuk besi

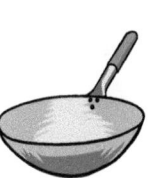

wok / kadai
kuali

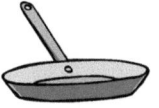

poêle
pan

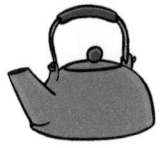

bouilloire electrique
cerek

cuiseur vapeur

pengukus

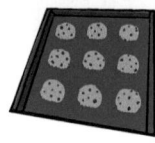

plaque de cuisson

dulang pembakar

vaisselle

pinggan mangkuk

gobelet

koleh

coupe

mangkuk

baguettes

penyepit

louche

senduk

spatule

spatula

fouet

pengadun

passoire

penapis

tamis

ayak

râpe

pemarut

mortier

mortar

barbecue

barbeku

cheminée

pembakaran terbuka

planche à découper

papan pencincang

rouleau à pâtisserie

pin golekan

tire-bouchon

skru gabus

boîte

tin

ouvre-boîte

pembuka tin

maniques

pemegang periuk

lavabo

sinki

brosse

berus

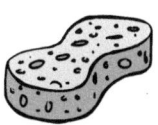

éponge

span

mixeur

pengisar

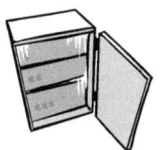

congélateur

penyejuk beku

biberon

botol bayi

robinet

paip

salle de bain

bilik air

douche
mandi
chauffage
pemanasan
serviette
tuala
rideau de douche
tirai mandi
bain moussant
mandi buih
baignoire
tab mandi
verre
gelas
machine à laver
mesin basuh
robinet
paip
carrelage
jubin
pot
tandas
lavabo
sinki

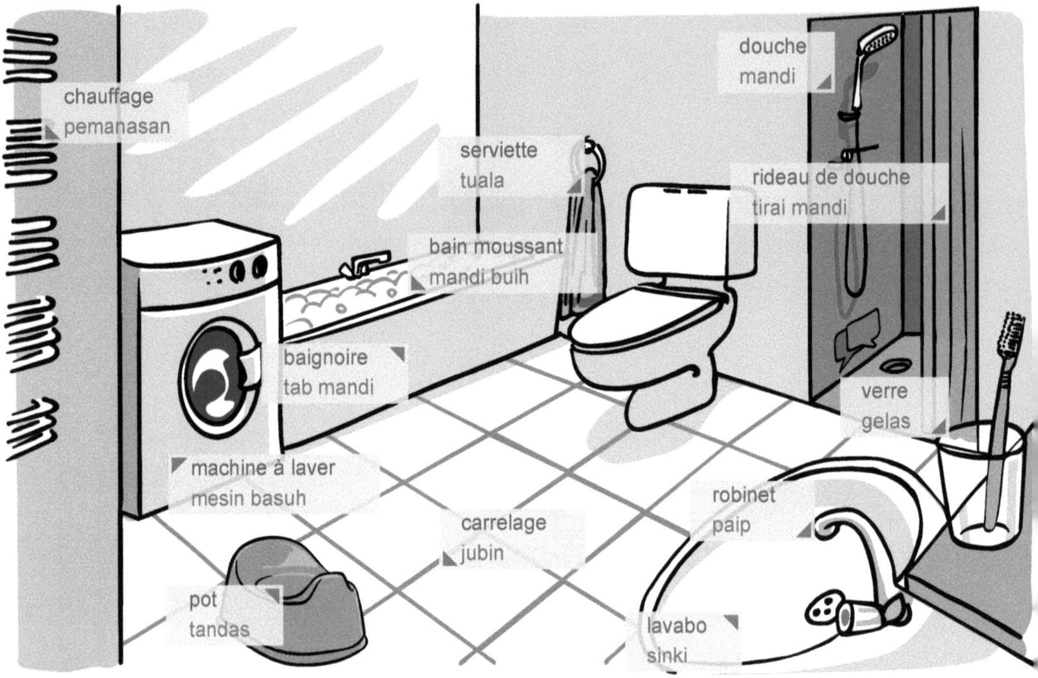

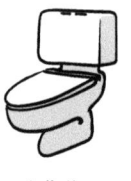

toilettes

tandas

toilette à la turque

tandas mencangkung

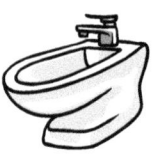

bidet

mangkuk tandas

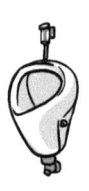

urinoir

tandas awam

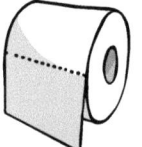

papier toilette

kertas tandas

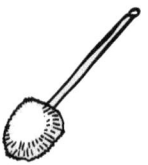

brosse à toilette

berus tandas

brosse à dents

berus gigi

dentifrice

ubat gigi

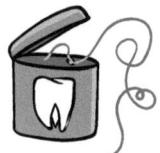

fil dentaire

flos gigi

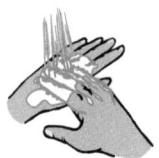

laver

cuci

douche manuelle

mandian tangan

douche intime

pancuran

vasque

besen

brosse dorsale

belakang berus

savon

sabun

gel douche

gel mandian

shampooing

syampu

gant de toilette

flanel

écoulement

longkang

crème

krim

déodorant

deodoran

miroir

cermin

miroir cosmétique

cermin tangan

rasoir

pisau cukur

mousse à raser

busa cukur

après-rasage

selepas cukur

peigne

sikat

brosse

berus

sèche-cheveux

pengering rambut

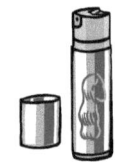

laque pour cheveux

semburan rambut

fond de teint

mekap

rouge à lèvres

gincu

vernis à ongles

varnis kuku

ouate

bulu kapas

coupe-ongles

gunting kuku

parfum

pewangi

trousse de toilette

beg basuhan

tabouret

bangku

pèse-personne

skala berat

peignoir

jubah mandi

gants de nettoyage

sarung tangan getah

tampon

kapas

serviettes hygiéniques

tuala wanita

toilette chimique

tandas kimia

chambre d'enfant

bilik kanak-kanak

réveil
jam loceng
doudou
mainan kegemaran
voiture jouet
kereta mainan
hochet
kerincing bayi
maison de poupée
rumah anak patung
cadeau
hadiah

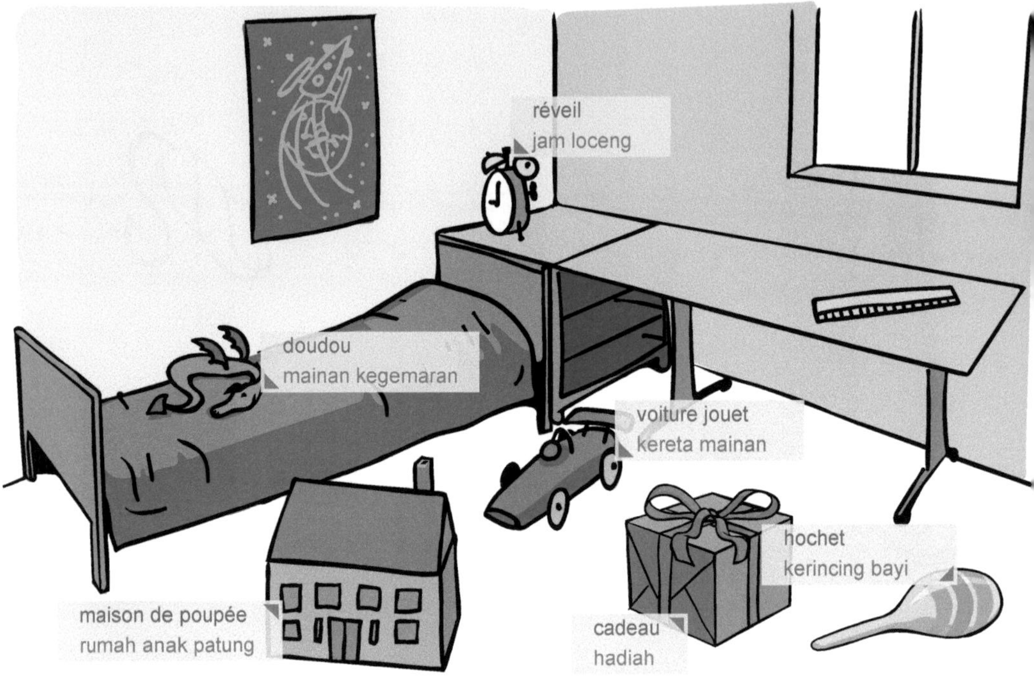

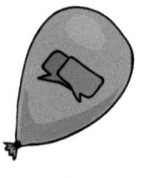

ballon

belon

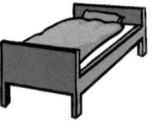

lit

katil

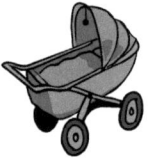

poussette

kereta sorong bayi

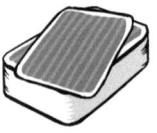

jeu de cartes

set kad

puzzle

susun suai gambar

SUPER
MEGA

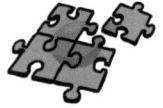

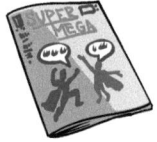

bande dessinée

komik

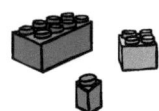

pièces lego

batu bata lego

blocs de construction

blok mainan

figurine

figura aksi

grenouillère

baju bayi

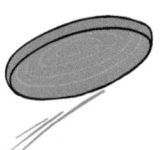

frisbee

frisbee

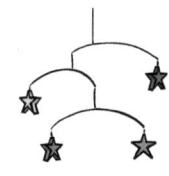

mobile

mainan bayi mudah alih

jeu de société

permainan papan

dé

dadu

train miniature

set model kereta api

sucette

palsu

fête

parti

livre d'images

buku bergambar

balle

bola

poupée

anak patung

jouer

main

bac à sable

lubang pasir

balançoire

buai

jouets

mainan

console de jeu

konsol permainan video

tricycle

basikal roda tiga

ours en peluche

anak patung beruang

armoire

almari pakaian

vêtements

pakaian

chaussettes

stoking

bas

stoking

collant

ketat

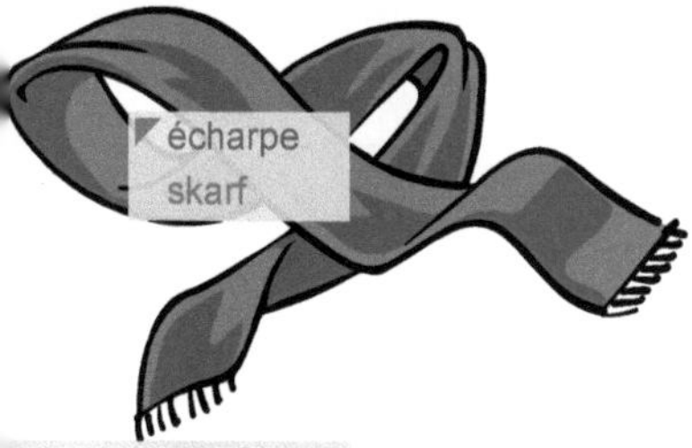

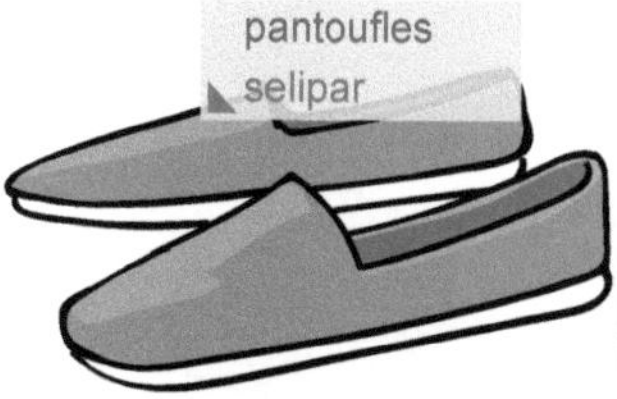

écharpe
skarf

parapluie
payung

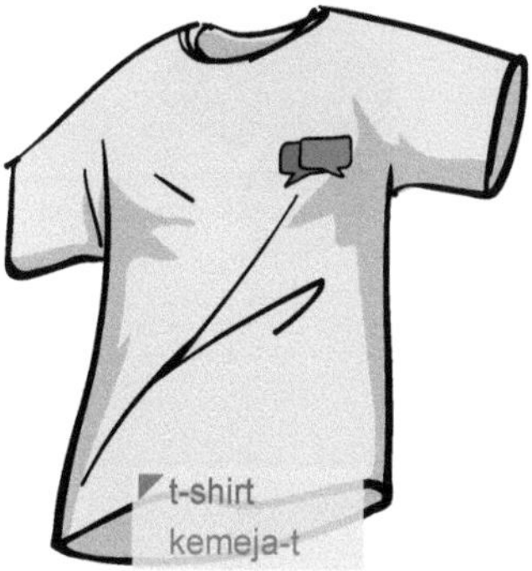

t-shirt
kemeja-t

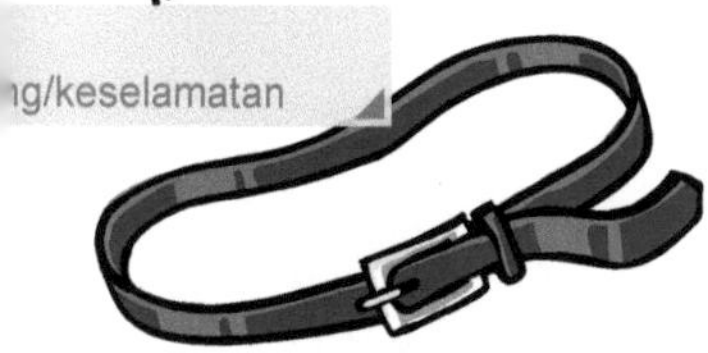

ng/keselamatan

bottes
but

pantoufles
selipar

baskets
kasut sukan

sandales
....
sandal

chaussures
....
kasut

bottes de caoutchouc
....
but getah

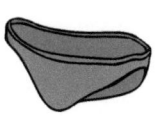

sous-vêtements
....
seluar dalam

soutien-gorge
....
coli

maillot de corps
....
ves

vêtements - pakaian

body
badan

pantalon
Seluar panjang

jean
jean

jupe
skirt

chemisier
blaus

chemise
kemeja

pull
baju panas sarung

sweat à capuche
sweater

veste
blazer

veste
jaket

manteau
kot

imperméable
baju hujan

costume
kostum

robe
pakaian

robe de mariée
baju pengantin

costume

sut

chemise de nuit

baju tidur

pyjama

baju tidur

sari

sari

foulard

skarf kepala

turban

serban

burqa

burqa

caftan

kaftan

abaya

abaya/jubah

maillot de bain

baju renang

maillot de bain

seluar renang

short

seluar pendek

tenue d'entraînement

sut balapan

tablier

apron

gants

sarung tangan

bouton

butang

lunettes

cermin mata

bracelet

gelang tangan

collier

rantai leher

bague

cincin

boucle d'oreille

subang

bonnet

topi

cintre

penyangkut kot

chapeau

topi

cravate

tali leher

fermeture éclair

zip

casque

topi keledar

bretelles

pendakap

uniforme scolaire

uniform sekolah

uniforme

seragam

bavoir

lapik dada

sucette

palsu

lange

lampin

bureau

pejabat

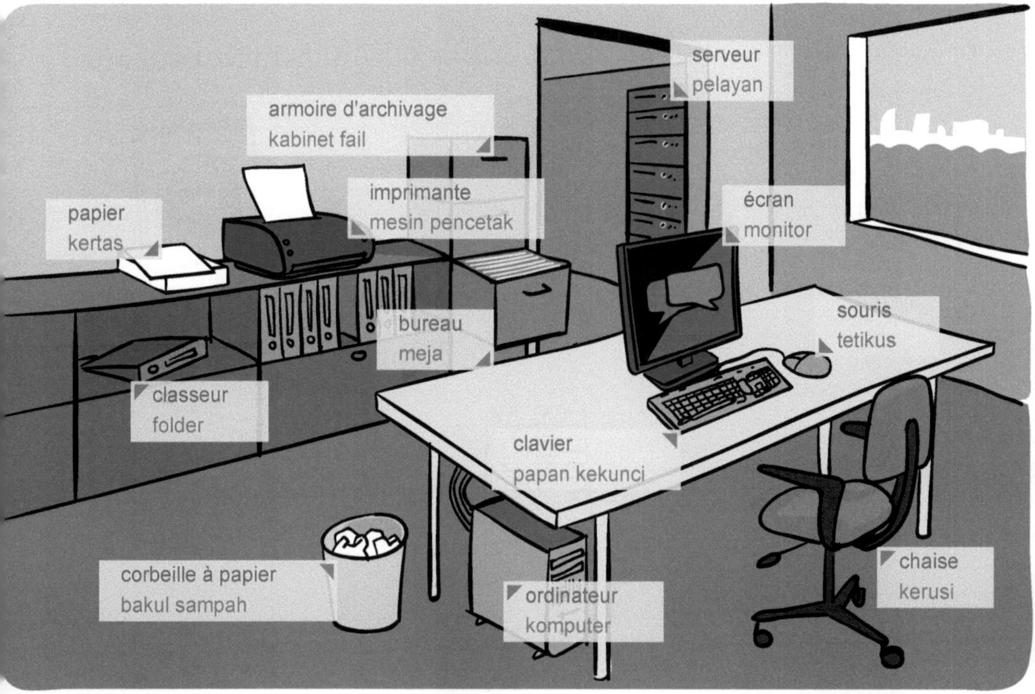

serveur
pelayan

armoire d'archivage
kabinet fail

imprimante
mesin pencetak

écran
monitor

papier
kertas

souris
tetikus

bureau
meja

classeur
folder

clavier
papan kekunci

corbeille à papier
bakul sampah

chaise
kerusi

ordinateur
komputer

tasse de café

cawan kopi

calculatrice

kalkulator

internet

internet

ordinateur portable

komputer riba

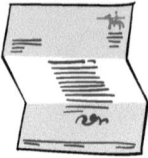

lettre

surat

message

mesej

portable

mudah alih

réseau

rangkaian

photocopieuse

mesin fotokopi

logiciel

perisian

téléphone

telefon

prise

soket plag

fax

mesin faks

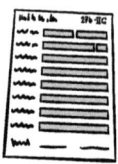

formulaire

bentuk

document

dokumen

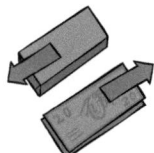

acheter

beli

payer

bayar

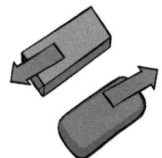

faire du commerce

berdagang

monnaie

wang

dollar

dolar

euro

euro

yen

yen

rouble

rubel

franc suisse

franc swiss

renminbi yuan

renminbi yuan

roupie

rupee

distributeur automatique

mata tunai

bureau de change

pejabat tukaran mata wang

or

emas

argent

perak

pétrole

minyak

énergie

tenaga

prix

harga

contrat

kontrak

taxe

cukai

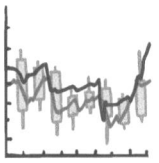

action

stok

travailler

kerja

employé

pekerja

employeur

majikan

usine

kilang

magasin

kedai

économie - ekonomi

agent de police
pegawai polis

pompier
ahli bomba

cuisinier
tukang masak

médecin
doktor

pilote
juruterbang

jardinier

tukang kebun

menuisier

tukang kayu

couturière

tukang jahit

juge

hakim

chimiste

ahli kimia

acteur

pelakon

conducteur de bus

pemandu bas

chauffeur de taxi

pemandu teksi

pêcheur

nelayan

femme de ménage

wanita pencuci

couvreur

kasau

serveur

pelayan

chasseur

pemburu

peintre

pelukis

boulanger

bakeri

électricien

juruelektrik

ouvrier

pembangun

ingénieur

jurutera

boucher

penjual daging

plombier

tukang paip

facteur

posmen

soldat

askar

architecte

arkitek

caissier

juruwang

fleuriste

kedai bunga

coiffeur

pendandan rambut

contrôleur

konduktor

mécanicien

mekanik

capitaine

kapten

dentiste

doktor gigi

scientifique

ahli sains

rabbin

tuhanku

imam

imam

moine

sami

prêtre

paderi

outils
alat

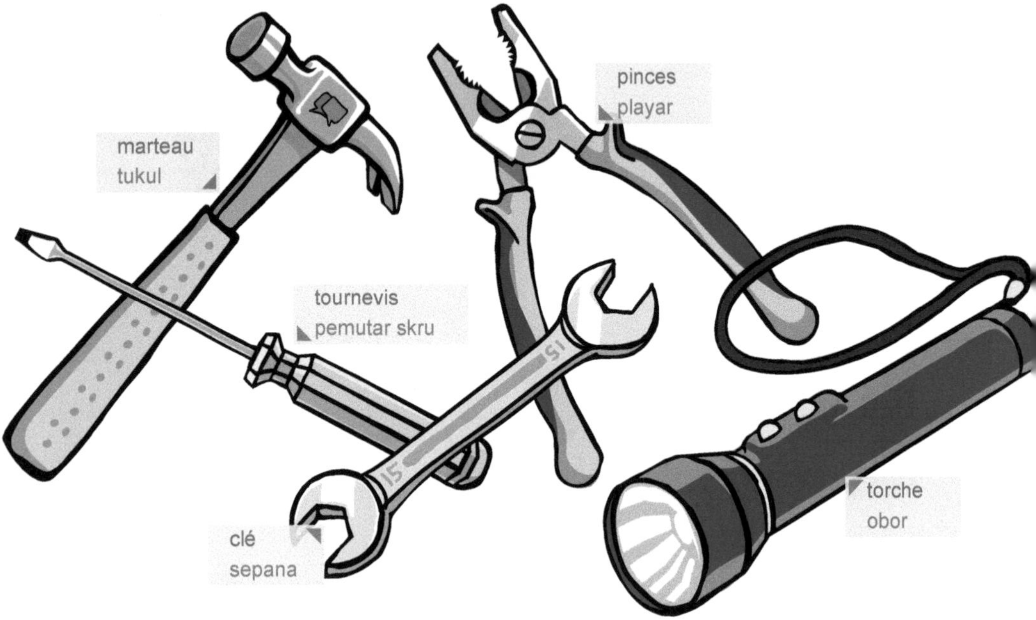
marteau
tukul
pinces
playar
tournevis
pemutar skru
clé
sepana
torche
obor

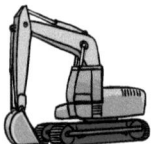

pelleteuse

pengorek

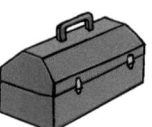

boîte à outils

kotak peralatan

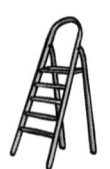

échelle

tangga

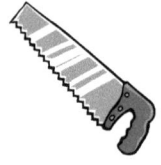

scie

gergaji

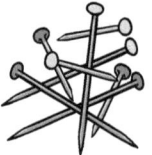

clous

kuku

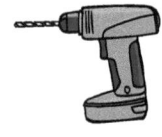

perceuse

gerudi

réparer

baiki

pelle

penyodok

Mince !

Celaka!

pelle

penadah sampah

pot de peinture

periuk cat

vis

skru

instruments de musique
alat muzik

batterie
perangkat dram

haut-parleurs
pembesar suara

guitare
gitar

contrebasse
bass berganda

trompette
trompet

piano

piano

violon

biola

basse

bass

timbales

timpani

tambour

dram

piano électrique

papan kekunci

saxophone

saksofon

flûte

seruling

microphone

mikrofon

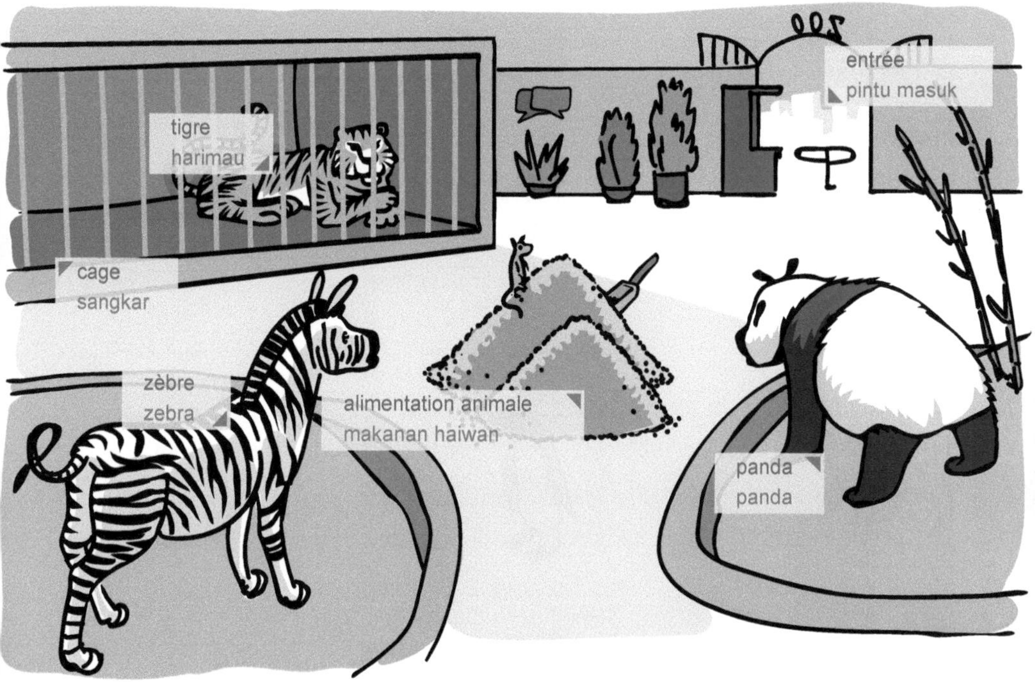

entrée
pintu masuk

tigre
harimau

cage
sangkar

zèbre
zebra

alimentation animale
makanan haiwan

panda
panda

animaux
haiwan

éléphant
gajah

kangourou
kanggaru

rhinocéros
badak sumbu

gorille
gorila

ours
beruang

chameau
unta

autruche
burung unta

lion
singa

singe
monyet

flamand rose
flamingo

perroquet
nuri

ours polaire
beruang kutub

pingouin
penguin

requin
yu

paon
merak

serpent
ular

crocodile
buaya

gardien de zoo
penjaga zoo

phoque
anjing laut

jaguar
jaguar

poney

kuda

léopard

harimau

hippopotame

badak air

girafe

zirafah

aigle

helang

sanglier

babi jantan

poisson

ikan

tortue

penyu

morse

anjing laut

renard

musang

gazelle

rusa

american Football
bola sepak Amerika

cyclisme
berbasikal

tennis
tenis

basket-ball
bola keranjang

natation
renang

boxe
tinju

hockey sur glace
hoki ais

football
bola sepak

badminton
badminton

athlétisme
olahraga

handball
bola baling

ski
ski

polo
polo

activités
aktiviti

rire
ketawa
sauter
lompat
embrasser
peluk
marcher
berjalan
chanter
menyanyi
rêver
mimpi
prier
berdoa
faire la bise
cium

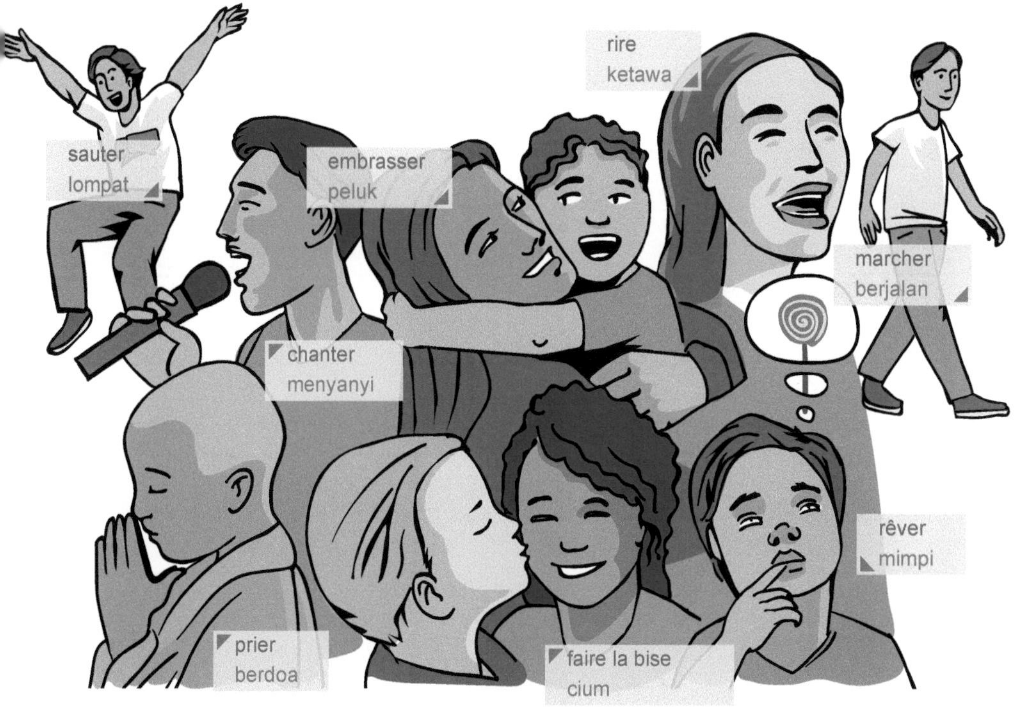

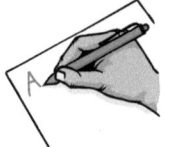

écrire

tulis

dessiner

lukis

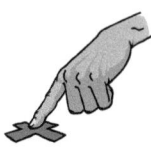

montrer

tunjuk

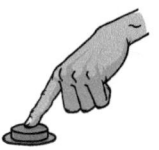

pousser

tolak

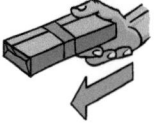

donner

beri

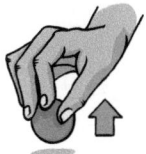

prendre

ambil

avoir
ada

faire
buat

être
ialah

être debout
berdiri

courir
lari

trier
tarik

jeter
buang

tomber
jatuh

être couché
tipu

attendre
tunggu

porter
bawa

être assis
duduk

s'habiller
pakai

dormir
tidur

se réveiller
bangkit

regarder

lihat pada

pleurer

menangis

caresser

strok

peigner

sikat

parler

cakap

comprendre

faham

demander

tanya

écouter

dengar

boire

minum

manger

makan

ranger

mengemas

aimer

sayang

cuire

masak

conduire

pandu

voler

terbang

faire de la voile

belayar

calculer

kira

lire

baca

apprendre

belajar

travailler

kerja

se marier

nikah

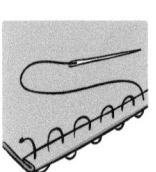

coudre

jahit

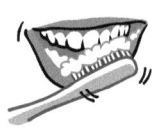

brosser les dents

memberus gigi

tuer

bunuh

fumer

asap

envoyer

hantar

famille
keluarga

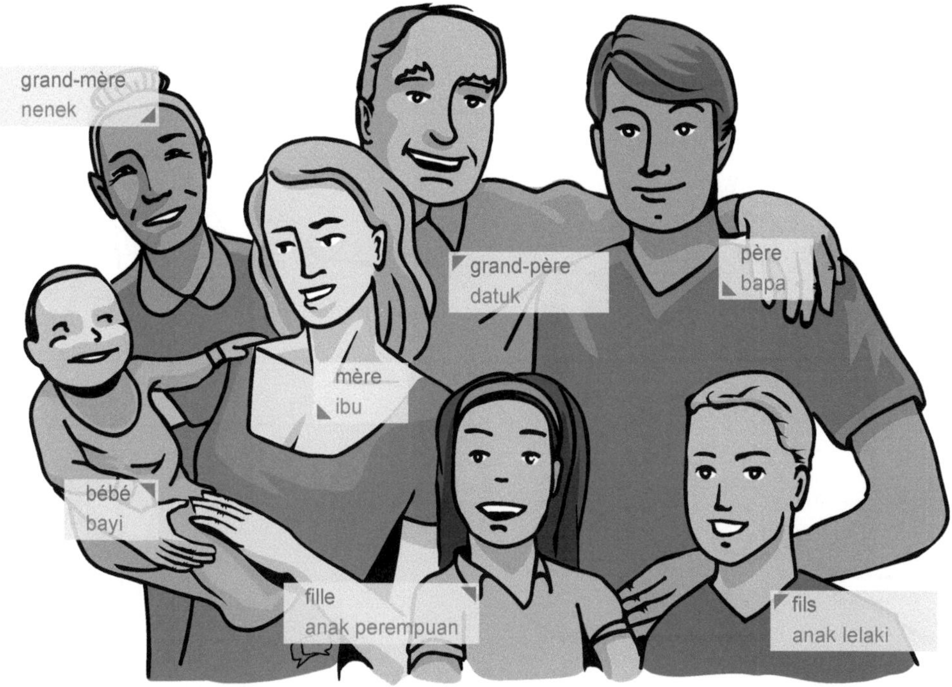
grand-mère
nenek
grand-père
datuk
père
bapa
mère
ibu
bébé
bayi
fille
anak perempuan
fils
anak lelaki

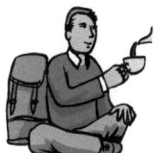

hôte

tetamu

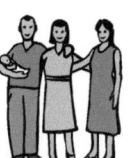

tante

mak cik

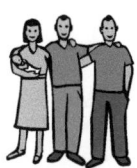

oncle

pak cik

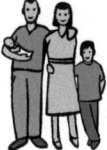

frère

abang

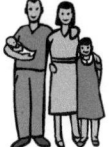

sœur

kakak

corps

badan

front
dahi
œil
mata
visage
muka
menton
dagu
doigt
jari
main
tangan
épaule
bahu
jambe
kaki
poitrine
dada
bras
lengan

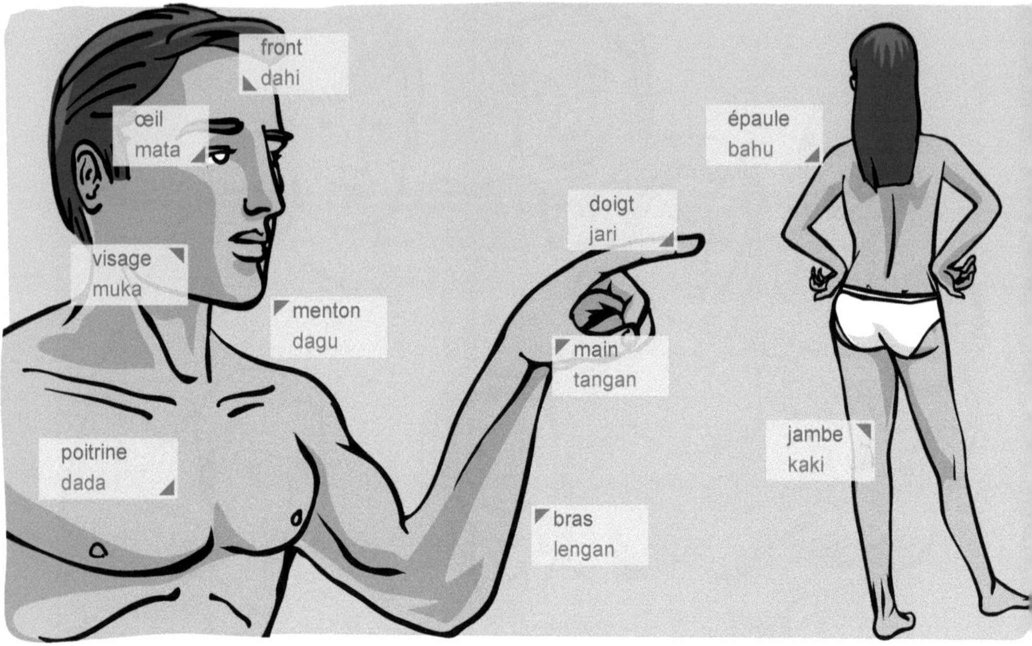

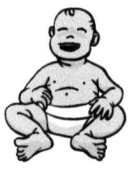

bébé

bayi

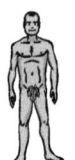

homme

lelaki

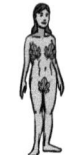

femme

wanita

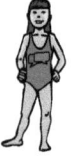

fille

perempuan

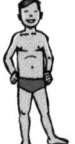

garçon

lelaki

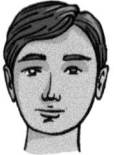

tête

kepala

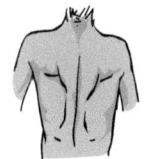

dos

belakang

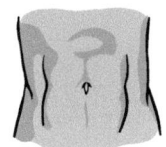

ventre

bawah perut

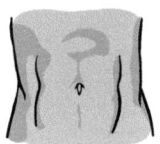

nombril

pusat

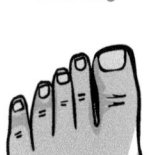

orteil

jari kaki

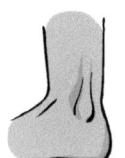

talon

tumit

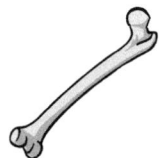

os

tulang

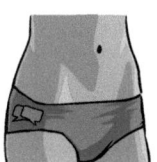

hanche

pinggul

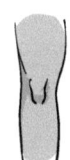

genou

lutut

coude

siku

nez

hidung

fesses

bawah

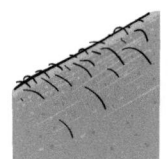

peau

kulit

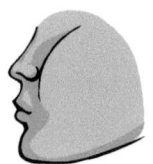

joue

pipi

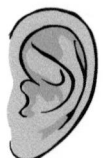

oreille

telinga

lèvre

bibir

bouche

mulut

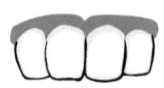

dent

gigi

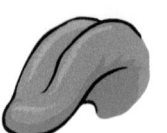

langue

lidah

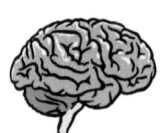

cerveau

otak

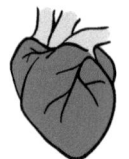

cœur

hati

muscle

otot

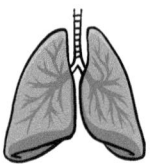

poumons

paru-paru

foie

hati

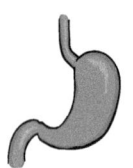

estomac

perut

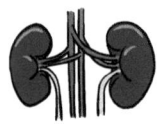

reins

buah pinggang

rapport sexuel

seks

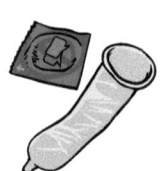

préservatif

kondom

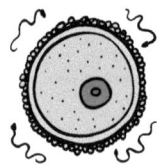

ovule

faraj

sperme

mani

grossesse

mengandung

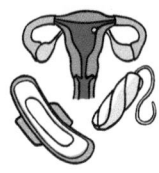

menstruation
·········
haid

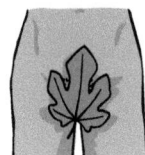

vagin
·········
faraj

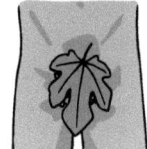

pénis
·········
penis

sourcil
·········
kening

cheveux
·········
rambut

cou
·········
leher

corps - badan

hôpital
hospital

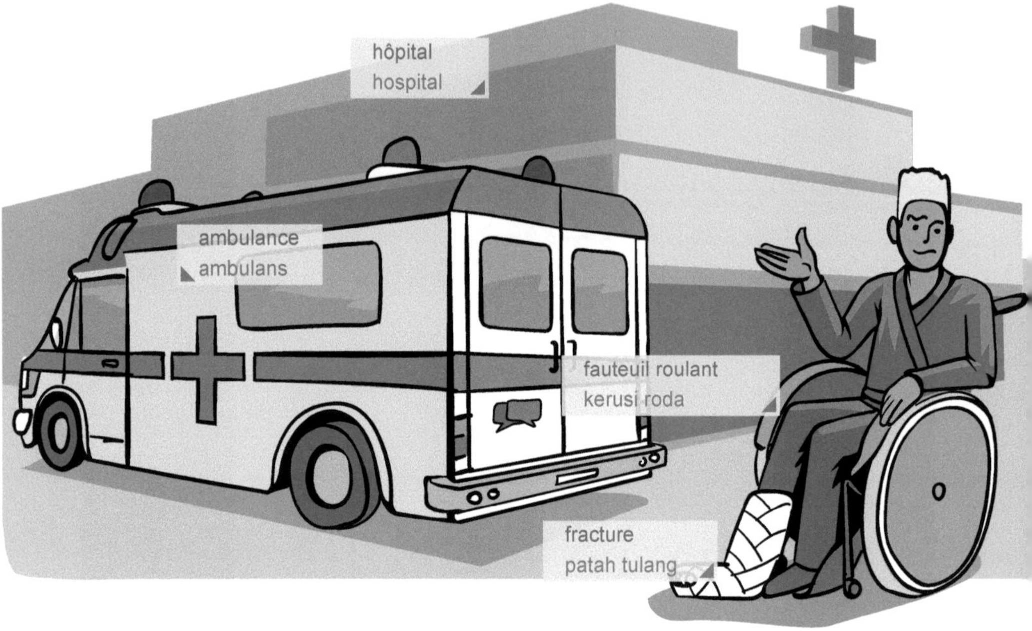

hôpital
hospital
ambulance
ambulans
fauteuil roulant
kerusi roda
fracture
patah tulang

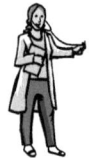

médecin

doktor

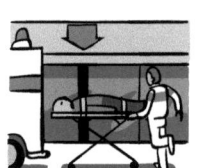

service des urgences

bilik kecemasan

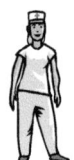

infirmière

jururawat

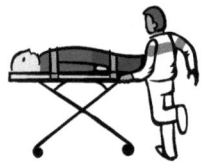

urgence

kecemasan

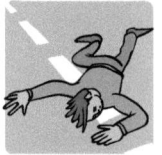

inconscient

tak sedar

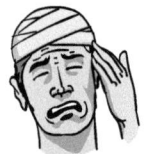

douleur

sakit

blessure

kecederaan

hémorragie

pendarahan

crise cardiaque

serangan jantung

attaque cérébrale

strok

allergie

alergi

toux

batuk

fièvre

demam

grippe

selesema

diarrhée

cirit-birit

mal de tête

sakit kepala

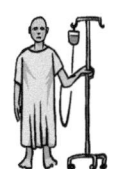

cancer

kanser

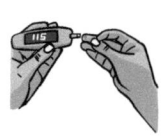

diabète

diabetes

chirurgien

pakar bedah

scalpel

pisau bedah

opération

pembedahan

CT

CT

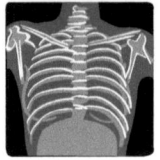

radiographie

x-ray

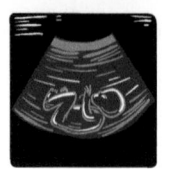

échographie

ultrabunyi

masque

topeng muka

maladie

penyakit

salle d'attente

bilik menunggu

béquille

penongkat

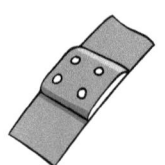

pansement

plaster

pansement

pembalut

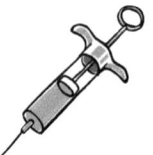

injection

suntikan

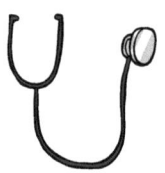

stéthoscope

stetoskop

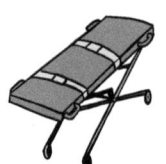

brancard

pengusung

thermomètre

termometer klinik

accouchement

kelahiran

surcharge pondérale

berat badan berlebihan

appareil auditif

alat pendengaran

désinfectant

disinfektan

infection

jangkitan

virus

virus

VIH / sida

HIV / AIDS

médicament

perubatan

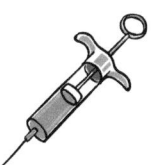

vaccination

vaksinasi

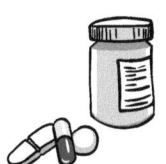

comprimés

tablet

pilule

pil

appel d'urgence

panggilan kecemasan

tensiomètre

pantau tekanan darah

malade / sain

sakit / sihat

Au secours !

Tolong!

alarme

penggera

assaut

serang

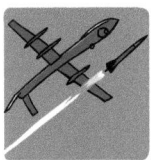

attaque

serangan

danger

bahaya

sortie de secours

pintu kecemasan

Au feu!

Api!

extincteur

alat pemadam api

accident

kemalangan

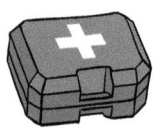

trousse de premier secours

alat pertolongan cemas

SOS

SOS

police

polis

Europe

Eropah

Amérique du Nord

Amerika Utara

Amérique du Sud

Amerika Selatan

Afrique

Afrika

Asie

Asia

Australie

Australia

Océan atlantique

Atlantic

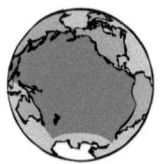

Océan pacifique

Pasifik

Océan indien

Lautan Hindi

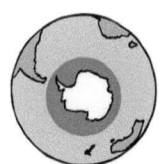

Océan antarctique

Lautan Antartik

Océan arctique

Lautan Artik

pôle nord

Kutub utara

pôle sud

Kutub Selatan

Antarctique

Antartika

terre

bumi

pays

tanah

mer

laut

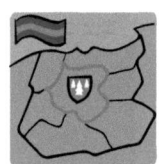

île

pulau

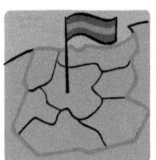

nation

negara

état

negeri

cadran
muka jam

aiguille des heures
tangan jam

aiguille des minutes
tangan minit

aiguille des secondes
terpakai

Quelle heure est-il ?
Jam berapa sekarang

jour
hari

temps
masa

maintenant
sekarang

montre digitale
jam digital

minute
minit

heure
jam

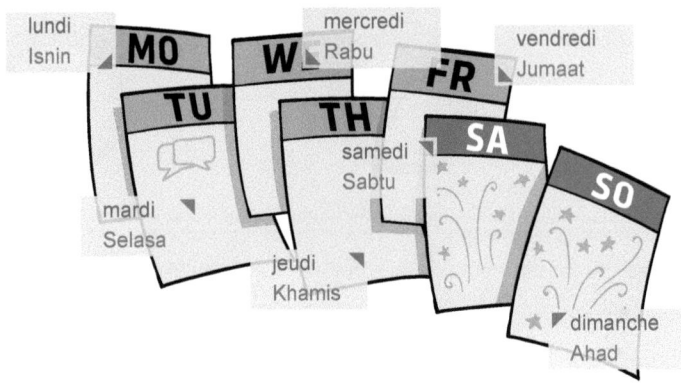

lundi
Isnin
MO

mercredi
Rabu
W

vendredi
Jumaat
FR

TU

TH

SA

SO

mardi
Selasa

samedi
Sabtu

jeudi
Khamis

dimanche
Ahad

hier

semalam

aujourd'hui

hari ini

demain

esok

matin

pagi

midi

tengah hari

soir

petang

jours ouvrables

hari kerja

week-end

hari minggu

année
tahun

pluie
hujan
arc-en-ciel
pelangi
vent
angin
neige
salji
printemps
musim bunga
été
musim panas
automne
musim luruh
hiver
musim salji

4.APRIL 11°
5.APRIL 4°
6.APRIL 13°
7.APRIL 8°
8.APRIL 10°

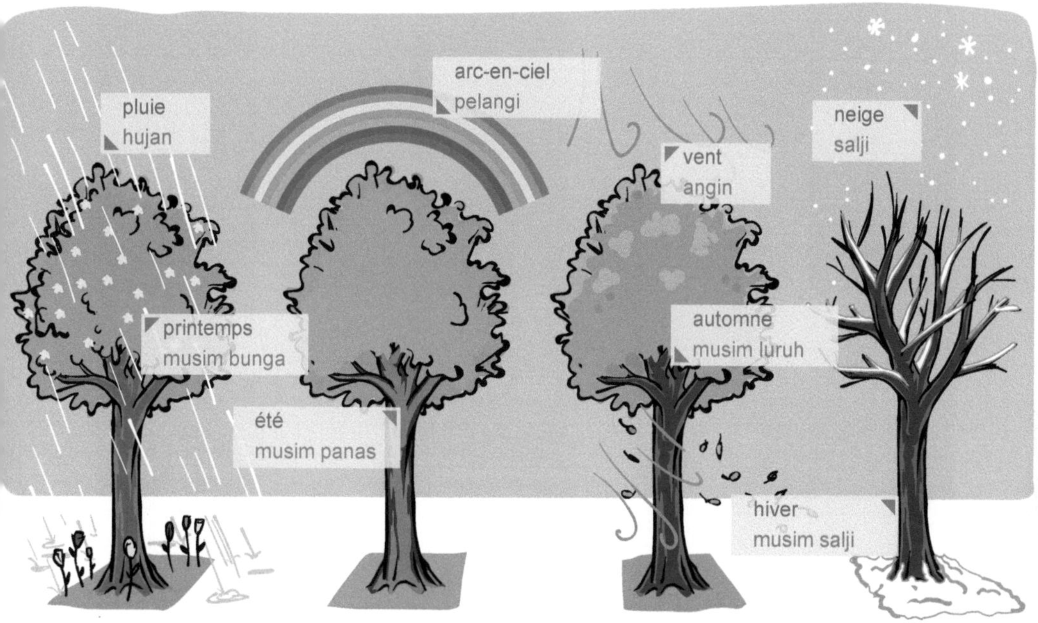

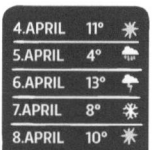

météo

ramalan cuaca

F
C
120
90
60
30
0
-30
40
30
20
10
0
-10
-20

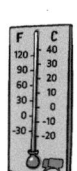

thermomètre

termometer

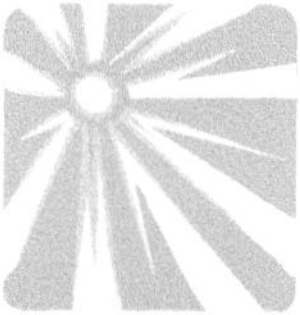

lumière du soleil

sinar matahari

nuage

awan

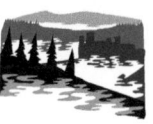

brouillard

kabus

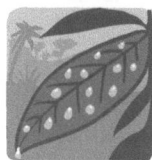

humidité

lembapan

foudre
....
kilat

tonnerre
....
petir

tempête
....
ribut

grêle
....
hujan batu

mousson
....
monsun

inondation
....
banjir

glace
....
ais

janvier
....
Januari

février
....
Februari

mars
....
Mac

avril
....
April

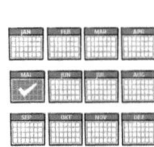

mai
....
Mei

juin
....
Jun

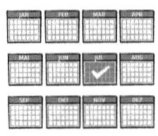

juillet
....
Julai

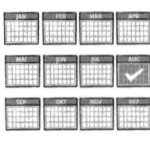

août
....
Ogos

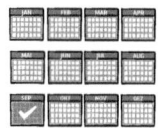

septembre
....
September

octobre
....
Oktober

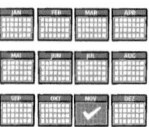

novembre
....
November

décembre
....
Disember

formes
bentuk

cercle
....
bulatan

carré
....
petak

rectangle
....
segi empat tepat

triangle
....
segitiga

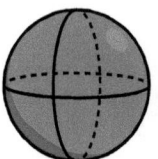

sphère
....
sfera

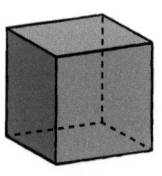

cube
....
kiub

blanc

putih

jaune

kuning

orange

oren

rose

merah jambu

rouge

merah

violet

ungu

bleu

biru

vert

hijau

marron

coklat

gris

kelabu

noir

hitam

beaucoup / peu

banyak / sedikit

fâché / calme

marah / tenang

joli / laid

cantik / hodoh

début / fin

bermula / tamat

grand / petit

besar kecil

clair / obscure

terang / gelap

frère / soeur

abang / kakak

propre / sale

bersih / kotor

complet / incomplet

lengkap / tidak lengkap

jour / nuit

hari / malam

mort / vivant

mati / hidup

large / étroit

luas / sempit

comestible / incomestible

boleh dimakan / tidak boleh dimakan

méchant / gentil

jahat / baik

excité / ennuyé

teruja / bosan

gros / mince

gemuk / kurus

premier / dernier

pertama / terakhir

ami / ennemi

kawan / musuh

plein / vide

penuh / kosong

dur / souple

keras / lembut

lourd / léger

berat / ringan

faim / soif

lapar / dahaga

malade / sain

sakit / sihat

illégal / légal

menyalahi undang-undang / undang-undang

intelligent / stupide

pintar / bodoh

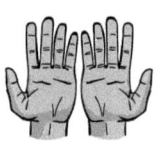

gauche / droite

kiri / kanan

proche / loin

dekat / jauh

nouveau / usé

baru / lama

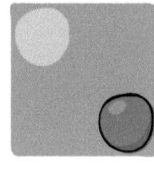

rien / quelque chose

tiada / sesuatu

vieux / jeune

tua / muda

marche / arrêt

hidup / mati

ouvert / fermé

terbuka / tertutup

faible / fort

diam / bising

riche / pauvre

kaya / miskin

correct / incorrect

betul / salah

rugueux / lisse

kasar / halus

triste / heureux

sedih / gembira

court / long

pendek / panjang

lent / rapide

lambat / laju

mouillé / sec

basah / kering

chaud / froid

panas / sejuk

guerre / paix

berperang / berdamai

0

zéro

sifar

1

un / une

satu

2

deux

dua

3

trois

tiga

4

quatre

empat

5

cinq

lima

6

six

enam

7

sept

tujuh

8

huit

lapan

9

neuf

sembilan

10

dix

sepuluh

11

onze

sebelas

12

douze

dua belas

13

treize

tiga belas

14

quatorze

empat belas

15

quinze

lima belas

16

seize

enam belas

17

dix-sept

tujuh belas

18

dix-huit

lapan belas

19

dix-neuf

Sembilan belas

20

vingt

dua puluh

100

cent

ratus

1.000

mille

ribu

1.000.000

million

juta

bahasa-bahasa

anglais

Bahasa Inggeris

anglais américain

Bahasa Inggeris Amerika

chinois mandarin

Bahasa Cina Mandarin

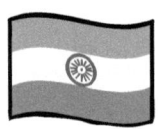

hindi

Bahasa Hindi

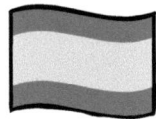

espagnol

Bahasa Sepanyol

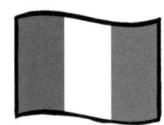

français

Bahasa Perancis

arabe

Bahasa Arab

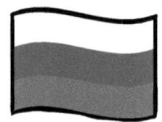

russe

Bahasa Rusia

portugais

Bahasa Portugis

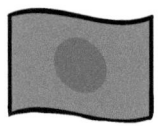

bengali

Bahasa Benggali

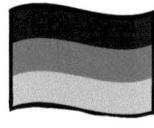

allemand

Bahasa Jerman

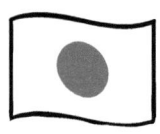

japonais

Bahasa Jepun

je
....
saya

tu
....
anda

il / elle / ce, c', cela
....
dia / dia / ia

nous
....
kita

vous
....
anda

ils / elles
....
mereka

Qui ?
....
siapa?

Quoi ?
....
apa?

Comment ?
....
bagaimana?

Où ?
....
di mana?

Quand ?
....
bila?

nom
....
nama

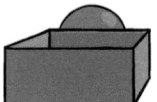

derrière

belakang

dans

dalam

devant

di hadapan

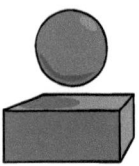

au-dessus

lebih

sur

pada

en-dessous

di bawah

à côté de

bersebelahan

entre

antara

lieu

tempat